Carlsen-Bücher gibt's in jeder guten Buchhandlung
und unter www.carlsen.de

© Andreas Czech, Steffen Gumpert / Carlsen Verlag GmbH, November 2014

Lektorat: Oliver Domzalski
Umschlaggestaltung: Christina Hucke
unter Verwendung eines Cartoons von Steffen Gumpert
Layout und Satz: Christina Hucke

Druck und Bindung: Livonia Print, Riga

ISBN: 978-3-551-68502-5

FSC
www.fsc.org
MIX
Papier aus ver-
antwortungsvollen
Quellen
FSC® C002795

40 ist GAR NICHT sooo alt ...

... FÜR EINEN MANN

Mit Illustrationen von Steffen Gumpert
und Texten von Andreas Czech

Ey Alter,

du bist das absolute Männer-Paradox: cool wie Sau
und heiß wie Chili! Sie wollen dich!

Es läuft – du bist überall mit dran.
Auch vorm Spiegel ist alles super.
Der beste runde Geburtstag von allen.

Da geht noch alles: kleine Kinder trösten,
Frauen glücklich machen und dem Himalaya zeigen,
was 'ne Harke ist!

HAPPY BIRTHDAY, TIGER!

Inhalt

Coolness

„Was früher PS waren, sind heute Gigabytes."
(Angebl. Steve Jobs)

Um US-Präsident zu werden, muss man mindestens 40 Jahre alt sein. Also: Ab jetzt bitte durchstarten!

Du bist 40? Von jetzt an wirst du täglich cooler!

Walken ist für Frauen – du treibst Sport.

Harrison Ford ist im Rentenalter und Michael Jackson ist sogar schon tot. Dein Leben fängt gerade erst richtig an!

Traum-Mann-Test

Hier kannst du ankreuzen, was auf dich zutrifft!
(Mehrfachnennungen möglich)

○ Ich bin der Beste – also verdiene ich auch das Beste!

○ Das nächste Level ist das wichtigste!

○ Diäten sind was für Frauen!

○ Was ich meinen Hund gelehrt habe:
Erst nett gucken, dann mit dem Schwanz wedeln.

○ Es gibt eine App für jedes Problem!

DU BIST EIN MANN.

Das Leben ist da draußen. Mach endlich dein Ding und geh da raus. Bis zur Tanke. Oder sogar in den Wald – zum illegalen Grillen.

Man findet dich überall, wo's gefährlich ist – in der Eiger-Nordwand, im tropischen Dschungel und auf hoher See. Außer um 18 Uhr. Da guckst du Sportschau!

FREIBRIEF
FÜR DEN ECHTEN MANN

AB JETZT KANNST DU
PORSCHE FAHREN,
OHNE DASS ES ALBERN WIRKT.

✳

UND DEINEN WEINKELLER VORFÜHREN.

✳

UND SOGAR
BEI ROMANTISCHEN KOMÖDIEN
WEINEN.

Die fünf Dinge, die jeder Mann haben muss:

1.

Aufsitzmäher
(mindestens 20 kW)

3.

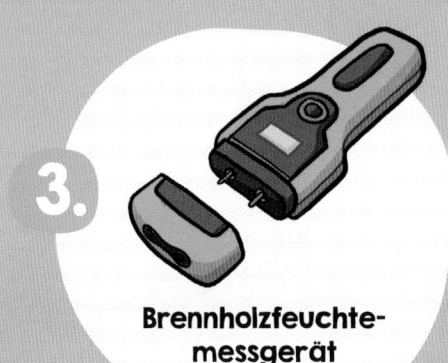

Brennholzfeuchte-
messgerät

2.

Japanisches Messerset
aus handgeschmiedetem
Damaszenerstahl zum
Tranchieren von Kobe-Rind
und Kugelfisch

4.

Weber-Grill

5. Muttis
Telefonnummer

MUTTI:
0123-634810

Apps für Leute ab Vierzig.

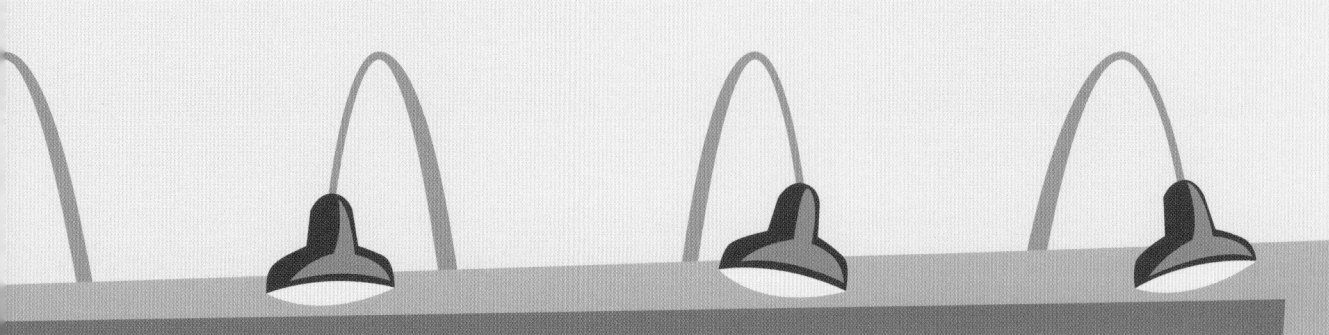

**Herzlichen Glückwunsch!
Du bist jetzt ein ALLESkönner.**

**Mit 40 können Männer ALLES
bauen und ALLES zerstören –
je nachdem, was gerade anliegt!**

5 Gründe, warum der Mann sein Auto so liebt:

1. Sieht super aus

2. Lässt IHN glänzen

3. Ist mit seinem Fahrstil einverstanden

4. Zickt nicht rum bei der Getränkebestellung

5. Will nicht über alles reden

Marktlücke: Aromatisierte Parkkarten

Du bist 40 und fragst dich, wie es jetzt mit deiner Fußballerkarriere weitergehen soll? Entscheide selbst:

Einige Profis, die mit 40 noch aktiv waren:

Sir Stanley Matthews

Klaus „Tanne" Fichtel

Toni Schumacher

Uli Stein

Dino Zoff

Ryan Giggs

Teddy Sheringham

Die häufigsten Fußballer-Verletzungen:

Bänderriss

Knochenbruch

Muskelfaserriss

Prellung

Verstauchung

Zerrung

Aua mit Blut

Rücken

Gehirnerschütterung

Knie kaputt

Fuß tut weh

Was zu einem vernünftigen Fußballabend gehört

⚽ 2–4 Kumpels

⚽ Bier

⚽ Ungesundes Essen

⚽ Bequemes Sitzen

⚽ Ein Top-Fernseher (mindestens 100 cm)

Was unbedingt vermieden werden sollte

⚽ Leute ohne Ahnung vom Fußball und mit Kommentaren wie „Wieso geben die nicht einfach jedem einen Ball?"

⚽ Ein 0:0 mit mehr Schiedsrichterbällen als Torchancen

⚽ Eine Frau, die in der 110. Minute findet, dass man hier jetzt unbedingt sofort mal staubsaugen muss

⚽ Ein Super-Besserwisser, der genau weiß, was der Trainer alles falsch gemacht hat

⚽ Stromausfall

Beste Kumpels auf Tour
Wer organisiert was?

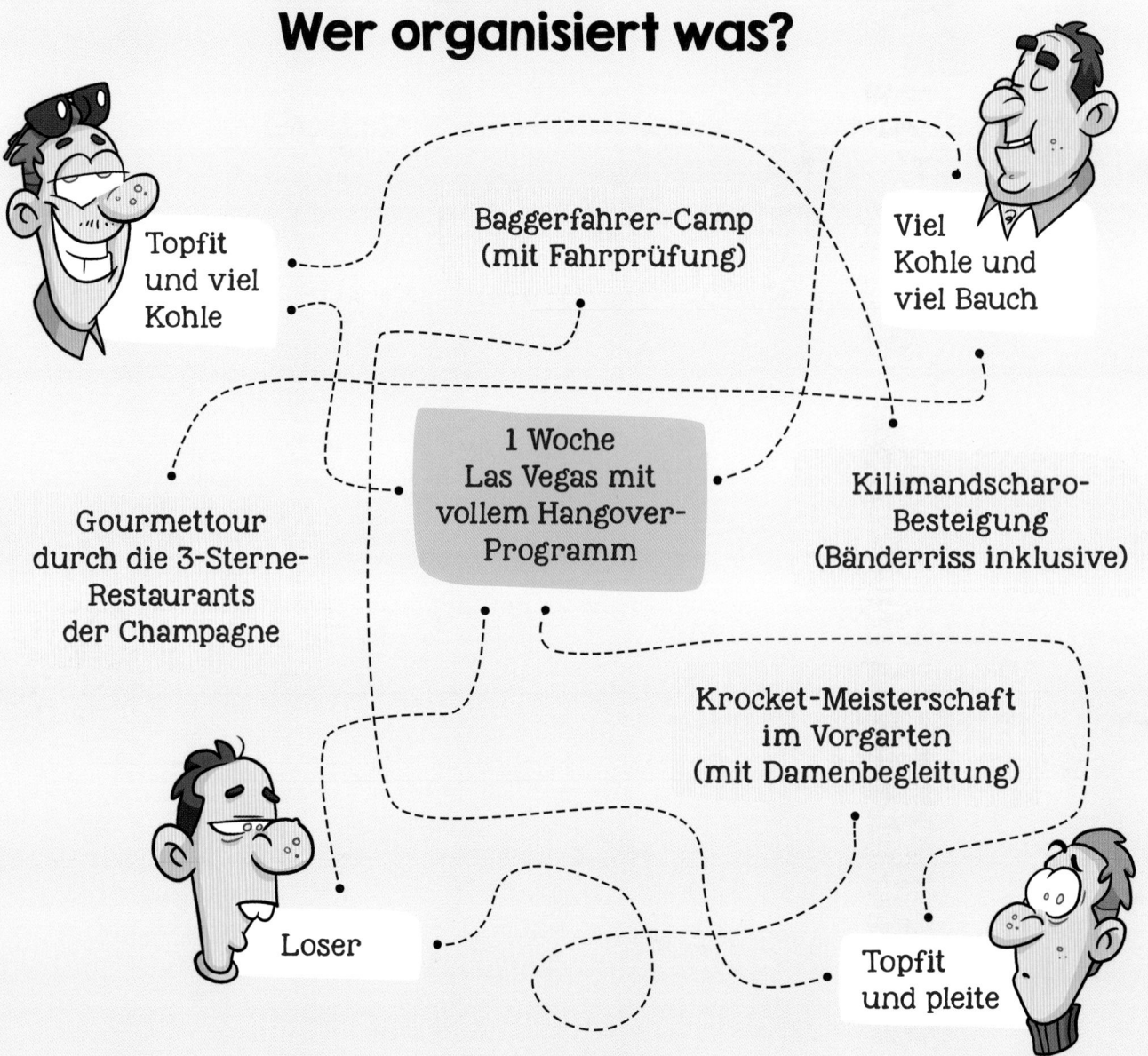

Topfit und viel Kohle

Baggerfahrer-Camp (mit Fahrprüfung)

Viel Kohle und viel Bauch

Gourmettour durch die 3-Sterne-Restaurants der Champagne

1 Woche Las Vegas mit vollem Hangover-Programm

Kilimandscharo-Besteigung (Bänderriss inklusive)

Krocket-Meisterschaft im Vorgarten (mit Damenbegleitung)

Loser

Topfit und pleite

23

Was Mann mit 40 braucht im Bett:

Vitalität

GRÖSSE

Ideen

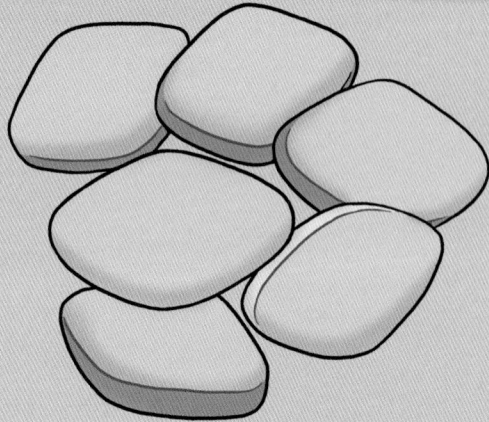

Ausstrahlung

AUSDAUER

Rasur

Frauen zum Essen einladen

Als Mann in deinem Alter solltest du es draufhaben, deine Angebetete mit einem schönen, romantischen Abendessen zu verwöhnen. Hier nochmal die wichtigsten Regeln:

Check vorher, welcher Ess-Typ sie ist, und stell dich darauf ein.

Veganerin: Kompliziiiiert! Nimm am besten ein Biologiebuch mit. Und hol sie nicht mit einem Jaguar ab.

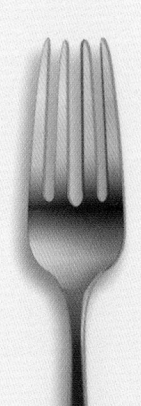

Vegetarierin: Sie will nichts essen, was mal ein Gesicht hatte. Hau dir vor dem Date ein ordentliches Steak rein, dann wird es unkompliziert und nett.

Model-Typ: Sie will nichts essen, was mal ein Gewicht hatte. Und es wird ein teurer Abend, denn sie lässt am liebsten sehr kostspieliges Essen stehen.

Normal, also auf Diät: Bestell dir immer zwei Desserts! Denn ihr „Für mich nicht, ich probier dann mal bei dir" bedeutet grundsätzlich, dass für dich maximal eine Portion übrigbleibt.

Auch wenn du dort Stammkunde bist: Vermeide Orte wie „All you can Schnitzel", „Ecki's Imbiss" und „Call a Pizza". Und auch den Laden mit der hübschen Kellnerin.

Frauen lieben schummriges Licht, das ihre Pickel und ihre Portionen kaschiert. „Candle light" bedeutet also nicht: eine 150-Watt-Baulampe am Tisch festschrauben und die Frau dann noch fragen, ob sie schon immer so viele Falten hatte.

Deine Rechte
als Vater

§ 1
Nachts durchschlafen (du hast dich schließlich
während der vierwöchigen Elternzeit ununterbrochen
um das Neugeborene gekümmert – wenn es mal wach war
und nicht gestillt werden musste, jedenfalls).

§ 2
Die technischen Anlagen zum Erwärmen
der Fläschchen auf die wissenschaftlich ermittelte
Optimal-Trinktemperatur von 35,889° Celsius.

§ 3
Die ungeteilte Aufmerksamkeit der Familie bei
der Weitergabe deines reichen Erfahrungsschatzes
(„Ich hab Rudi Völler noch selbst spielen sehen.")

§ 4
Freiräume in der Erziehung: „Darf er e i n m a l
aufs Klettergerüst? Ach komm, Birgit!"

§ 5
Einmal pro Halbjahr
Freigang mit den Kumpels

Was Medien sind, muss dir kein Grünschnabel erklären. Du kennst dich aus:

Du weißt noch, dass PACMAN kein privater Paketservice ist. Denn du hattest einen ATARI.

Du hast noch echte ROCKGIGANTEN erlebt. Und keine Castingdeppen.

Du hast mit roten Ohren TUTTI FRUTTI geschaut und dich einen Dreck dafür interessiert, was ein Länderpunkt war.

Du kanntest noch MAD und YPS und wusstest sogar, wie herum man sie hielt.

11 Filmzitate, mit denen du jede Situation meisterst:

„Ich komme wieder!"
(Terminator 2)

„Nobody is perfect!"
(Manche mögen's heiß)

„Das ist doch kein Messer!
DAS ist ein Messer!"
(Crocodile Dundee)

„Was zum Teufel ist ein Gigawatt?"
(Zurück in die Zukunft)

„Viel du noch lernen musst,
mein junger Padawan!"
(Star Wars)

„Yippie-ya-yeah –
Schweinebacke!"
(Stirb langsam I)

„Wir bringen die Band
wieder zusammen!"
(Blues Brothers)

„Es kann nur einen geben!"
(Highlander)

„Ich bin Brian! Und meine
Frau ist auch Brian!"
(Das Leben des Brian)

„Ich werde ihm ein Angebot machen,
das er nicht ablehnen kann."
(Der Pate)

„Es gibt keine Revanche." (Rocky)

DU BIST 40.
UND DAMIT REIF FÜR DIE SPITZENPOSITION, DIE DIR ZUSTEHT:

Du musst nicht mehr wirklich arbeiten.

Du kannst durch die ganze Welt reisen.

Das Anstrengendste an deinem Job
ist das Durchschneiden von Stoffbändchen.

Du kannst dich überall kostenlos durchfressen.
Und deine Frau auch.

Du kannst sagen, was dir gerade so durch die Birne schießt –
man wird dir andächtig zuhören.

Ab dem ersten Arbeitstag steht dir
eine lebenslange Sofortrente zu.

KURZ: LAUT ARTIKEL 54 DES GRUNDGESETZES KANNST DU AB SOFORT *Bundespräsident* WERDEN.

35

Früher musstest du nach einer Party nur eines wissen:
Wie zum Henker bin ich nach Hause gekommen?
Und wer ist die Frau da?
Heute brauchst du manchmal ein kleines Helferlein,
um abends wieder fit für die Piste zu sein.

· Nie wieder! · Nie wieder! · Nie

Hier die Top 4 der Anti-Kater-Rezepte:

wieder! · Nie wieder! · Nie wieder! · Nie

4.

Fenster auf

2.

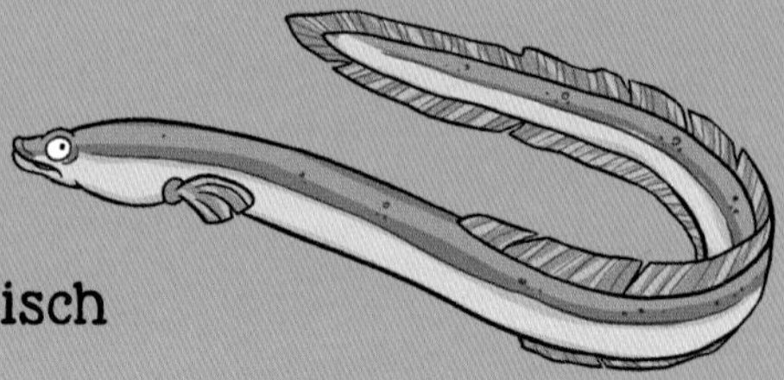

Roher Fisch

Nie wieder! · Nie wieder! · Nie wieder! · Nie wieder! · Nie wieder! ·

· Nie wieder! · Nie wieder! · Nie wieder! · Nie wieder! · Nie wieder!

3.

Wasserwasser
wasserwasserwasser

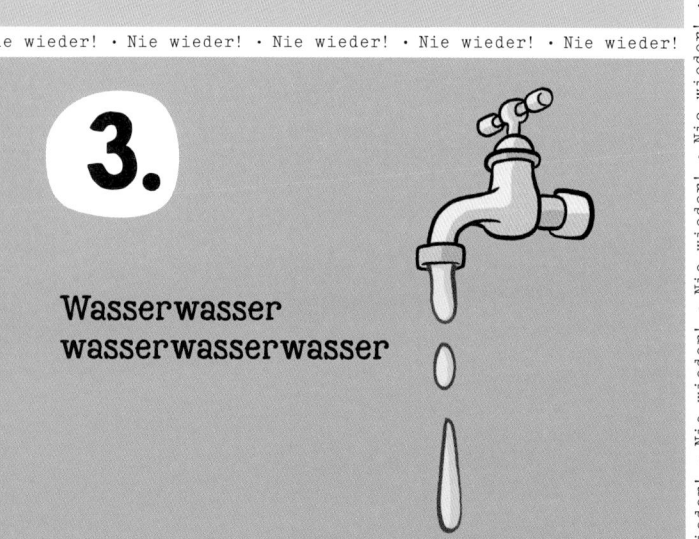

Prärie-Auster

1 unzerstörtes rohes Eigelb
2 Spritzer Olivenöl
2 Löffel Worcestersauce
2 Löffel Tomatenketchup
2 Spritzer Zitronensaft
1 Tropfen Tabasco
Salz
Pfeffer
Gin nach Bedarf

1.

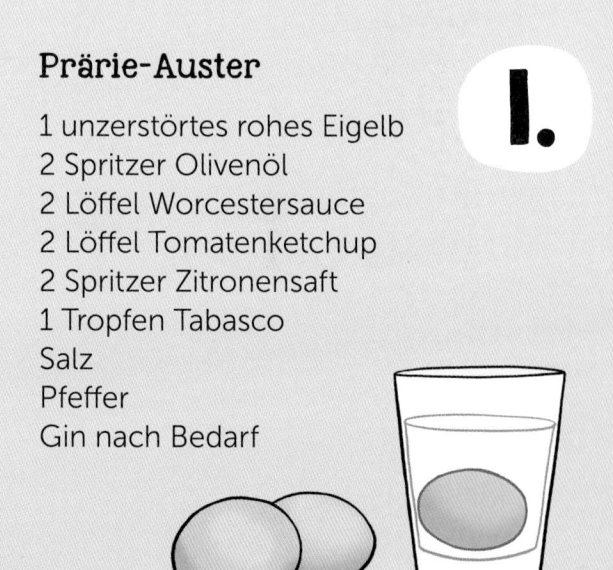

Die goldenen Gesundheitsregeln für den Mann ab 40:

Ein Bauch ist nichts Unnatürliches –
ein Laufband im Zimmer schon.

Egal, was deine Frau sagt:
14 mal furzen am Tag ist normal.

Gesunde Ernährung ist was für Kranke.

Schmerzen in der Brust?
Das geht von alleine wieder weg.

Ärzte braucht man nur, wenn's blutet.
Oder wenn der Knochen zu sehen ist.

39

Triathlon mit 20:

3,86 km Schwimmen

180 km Radfahren

42,195 km Laufen

Triathlon mit 40:

Baum gepflanzt

Sohn gezeugt

Haus gebaut

Triathlon mit 60:

Zum Arzt

In den OP

Zur Reha

Du hast es geschafft:

Dein Wissen um Frauen ist legendär unvollständig!

Im Beruf bist du DER, den man um Rat fragt,
wenn der Papierkorb voll ist.

Deine Anlagestrategien sind
anders als die der anderen.
Aber das wird schon noch klappen,
das ist was Langfristiges!

Es gibt eine App für
jedes Problem –
außer für deine.

Du bist der Beste und
hättest deshalb das Beste
verdient gehabt.

Dein Coolness-Faktor
ist unglaublich
zurückgegangen.

Übrigens: Die Besten sterben jung – also pass bitte auf dich auf!

CARTOONS SATT!

Zu spät! Schwarzer Humor in Bildern
160 Seiten | € (D) 9,99

Verboten! Schwarzer Humor in Bildern
160 Seiten | € (D) 9,99